школа - ụlọ akwụkwọ	2
падарожжа - njem	5
транспарт - njem	8
горад - obodo	10
краявід - odida obodo	14
рэстаран - ụlọ oriri na ọnụnụ	17
супермаркет - ụlọ ahịa	20
напоі - ihe ọnụnụ	22
ежа - nri	23
сядзіба - ugbo	27
дом - ụlọ	31
жылы пакой - ime ụlọ ezumike	33
кухня - usekwu	35
ванная - ụlọ ịsa ahụ	38
дзіцячы пакой - ụlọ nwa	42
адзенне - uwe	44
офіс - ụlọ ọrụ	49
эканоміка - akụnụba	51
прафесіі - aka ọrụ	53
інструменты - ngwaọrụ	56
музычныя інструменты - ngwa egwu	57
заапарк - zuu	59
спорт - egwuregwu	62
дзейнасць - ihe omume	63
сям'я - ezinụlọ	67
цела - ahụ	68
шпіталь - ụlọ ogwụ	72
экстраная дапамога - mberede	76
Зямля - Ụwa	77
гадзіннік - elekere	79
тыдзень - izu	80
год - afọ	81
формы - ụdị	83
колеры - na agba	84
супрацьлегласці - mmegide	85
лічбы - nọmba	88
мовы - asụsụ	90
хто / што / як - onye / ihe / olee	91
дзе - ebee	92

Impressum
Verlag: BABADADA GmbH, Nedderfeld 112 , 22529 Hamburg
Geschäftsführer / Verlagsleitung: Harald Hof
Druck: Books on Demand GmbH, In de Tarpen 42, 22848 Norderstedt

Imprint
Publisher: BABADADA GmbH, Nedderfeld 112 , 22529 Hamburg, Germany
Managing Director / Publishing direction: Harald Hof
Print: Books on Demand GmbH, In de Tarpen 42, 22848 Norderstedt, Germany

школа
ụlọ akwụkwọ

класны пакой
n'ime ụlọ akwụkwọ

дзяліць
nkewa

дошка
obosara

школьны двор
ogige ụlọ akwụkwọ

настаўнік
onye nkuzi

папера
akwukwo

пісаць
dee

ручка
mkpịsị ode akwụkwọ

пісьмовы стол
tebụl

лінейка
ngwaoru eji atu ihe osise

кніга
akwụkwọ

вучань
nwa akwụkwọ

ранец
akpa

пенал
akpa pensụl

просты аловак
pensụl

тачылка для алоўкаў
nkọ pensụl

гумка
rọba

альбом для малявання
obosara ihe osise

малюнак
ihe osise

пэндзлік
ahihia agba

фарбы
igbe agba

нажніцы
mkpa

клей
mmapa

сшытак
akwụkwọ mmega

хатняе заданне
ọrụ omume ulo

лік
nọmba

дадаваць
tinye

адымаць
wepụ

множыць
ba uba

лічыць
gbakọọ

літара
ozi

алфавіт
abiichii

слова
okwu

школа - ụlọ akwụkwọ

тэкст
ederede

чытаць
gụọ

крэйда
nzu

ўрок
ihe mmụta

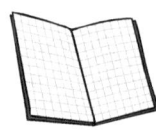
класны журнал
deba aha

экзамен
ule

атэстат
asambodo

школьная форма
uwe ụlọ akwụkwọ

адукацыя
agumakwukwo

энцыклапедыя
akwụkwọ nkà ihe ọmụma

універсітэт
mahadum

мікраскоп
mikroskopu

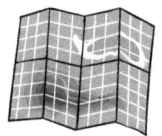
карта
maapụ

смеццевы кошык
nkata-ahihia

школа - ụlọ akwụkwọ

падарожжа
njem

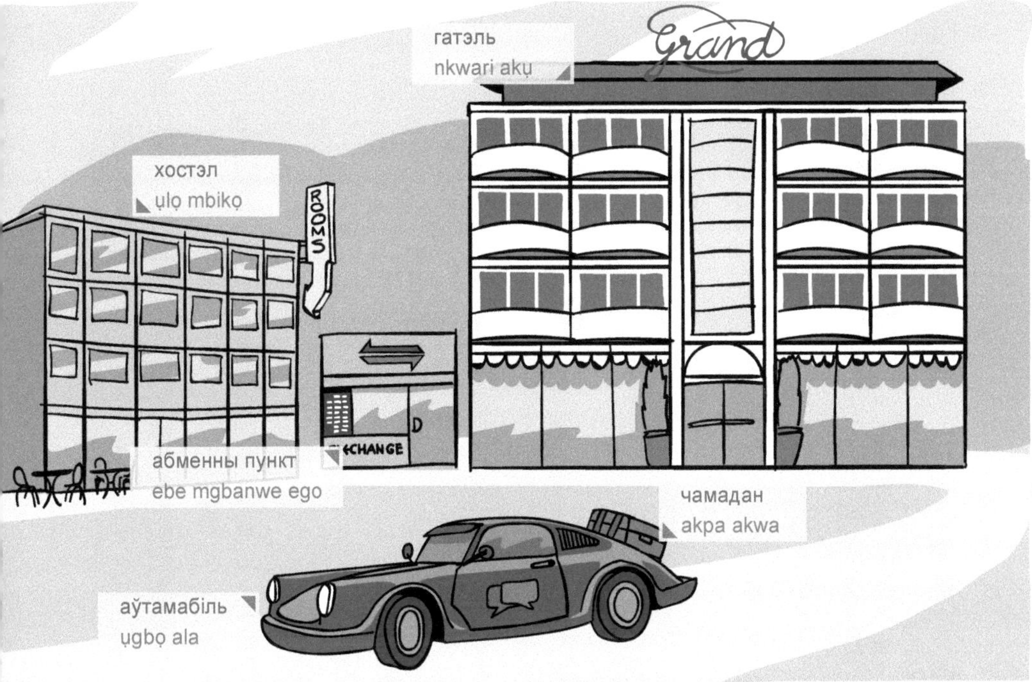

гатэль
nkwari akụ

хостэл
ụlọ mbikọ

абменны пункт
ebe mgbanwe ego

чамадан
akpa akwa

аўтамабіль
ụgbọ ala

мова
asụsụ

так / не
ee / mba

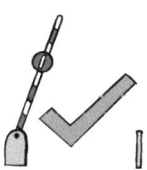

добра
Ọdịkwa mma

прывітанне!
nnọọ

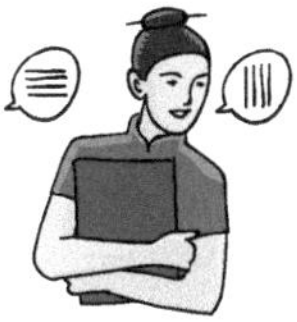

перекладчык
onye ntụghari

дзякуй
Daalụ

Колькі каштуе....?
ego ole bụ...?

я не разумею
Aghọtaghị m

праблема
nsogbu

Добры вечар!
Mgbede ọma!

Добрай раніцы!
Ụtụtụ ọma!

Дабранач!
Ka chifoo!

да пабачэння
ka ọ dị

кірунак
ntụziaka

багаж
ibu

сумка
akpa

заплечнік
akpa azu

госць
ọbia

пакой
ime ụlọ

спальны мяшок
akpa ụra

палатка
ụlọikwuu

інфармацыя для турыстаў

ozi njem nleta

пляж

osimiri

крэдытная картка

kaadị akwụmụgwọ

снеданне

nri ụtụtụ

абед

nri ehihie

вячэра

nri abalị

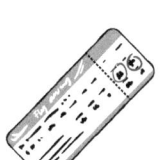

праязны білет

tiketi

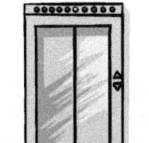

ліфт

mbuli

паштовая марка

stampụ

мяжа

ókè

мытня

ndị kọstọm

пасольства

ụlọ ọrụ nnọchite anya obodo

віза

visa

пашпарт

paspọtụ

транспарт
njem

самалёт
ụgbọelu

карабель
ụgbọ mmiri

пажарная машына
ọkụ ingin

грузавік
gwongworo

аўтобус
bọs

маторная лодка
ụgbọ mmiri

ровар
ọgbatụmtụm

аўтамабіль
ụgbọ ala

паром

ugbo

лодка

ụgbọ mmiri

матацыкл

ọgba tum tum

паліцэйская машына

ụgbọ ala uwe ojii

гоначны аўтамабіль

ụgbọ ala na-agba ọsọ

арэндаваны аўтамабіль

ụgbọ ala mgbazinye

сумеснае карыстанне аўтамабілем

nkekọrita ụgbọ ala

эвакуатар

gwongworo

смеццявоз

ụgbọala ntufu ahihia

матор

moto

паліва

mmanụ ụgbọala

запраўка

ebe ana ere mmanu

дарожны знак

akara okporo ụzọ

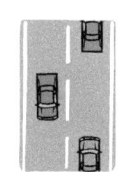

дарожны рух

okporo ụzọ

затор

mkpọchị okporo ụzọ

паркоўка

odu ụgbọ ala

чыгуначная станцыя

ọdụ ụgbọ oloko

рэйкі

ụzọ

цягнік

ụgbọ oloko

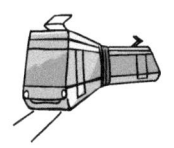

трамвай

ụgbọ oloko

вагон

ajụjụ

верталёт
helikopta

аэрапорт
ọdụ ụgbọ elu

вежа
ụlọ elu

пасажыр
onye njem

кантэйнер
akpa

кардонная скрыня
katọn

тачка
ụgbọ ibu

карзіна
nkata

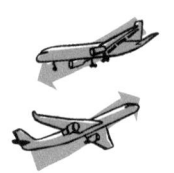

ўзлятаць / прызямляцца
gbapụ / ala

горад
obodo

вёска
obodo

цэнтр горада
etiti obodo

дом
ụlọ

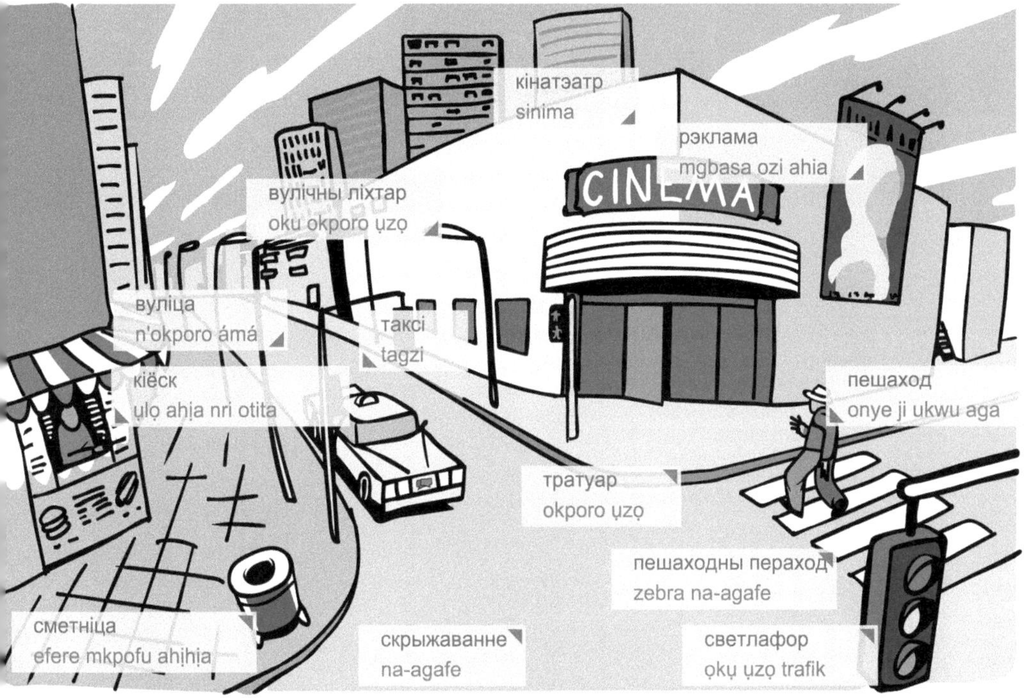

кінатэатр
sinima

рэклама
mgbasa ozi ahia

вулічны ліхтар
oku okporo uzo

вуліца
n'okporo ámá

таксі
tagzi

кіёск
ulo ahia nri otita

пешаход
onye ji ukwu aga

тратуар
okporo uzo

пешаходны пераход
zebra na-agafe

сметніца
efere mkpofu ahihia

скрыжаванне
na-agafe

светлафор
oku uzo trafik

халупа

obi

кватэра

ohiha

чыгуначная станцыя

odu ugbo oloko

ратуша

nnukwu onu ulo obodo

музей

ihe ngosi nka

школа

ulo akwukwo

горад - obodo

універсітэт

mahadum

банк

ụlọ akụ

шпіталь

ụlọ ọgwụ

гатэль

nkwari akụ

аптэка

ahịa ọgwụ

офіс

ụlọ ọrụ

кнігарня

ụlọ ahịa akwụkwọ

крама

ụlọ ahịa

кветкавая крама

onye ore fulawa

супермаркет

ụlọ ahịa

кірмаш

ahịa

універмаг

ngalaba ụlọ ahịa

рыбная крама

onye azu

гандлевы цэнтр

ụlọ ahịa

порт

ọdụ ụgbọ mmiri

парк
ogige

лава
oche

мост
akwa ngafe

лесвіца
steepu

метро
n'okpuruala

тунэль
owara

прыпынак
ebe bos na-akwusi

бар
ulo mmanya

рэстаран
ulo oriri na onunu

паштовая скрыня
igbe akwukwo ozi

вулічны паказальнік
akara okporo uzo

паркамат
igwe nnara ego ndoba ugboala

заапарк
zuu

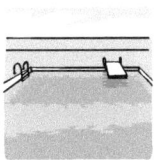

басейн
ebe igwu mmiri

мячэць
ulo alakuba

горад - obodo

сядзіба
ugbo

забруджванне навакольнага асяроддзя
mmeto

могілкі
ili

царква
ụlọ ụka

пляцоўка для гульні
ama egwuregwu

храм
ụlọnsọ

краявід
odida obodo

ліст
akwụkwọ nri

паказальнік
akara

дарога
ụzọ

луг
ahịhịa

камень
nkume

дрэва
osisi

падарожнік
onye njem

рака
osimiri

трава
ahịhịa

кветка
ifuru

даліна
ndagwurugwu

гара
ugwu

возера
ọdọ mmiri

лес
ọhịa

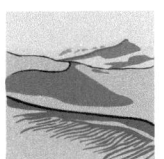
пустыня
ọzara

вулкан
ugwu mgbawa

замак
nnukwu ụlọ

вясёлка
eke mmiri

грыб
ero

пальма
nkwụ

камар
anwụnta

муха
ofufe

мурашка
agbeshi

пчала
aṅụ

павук
ududo

краявід - odida obodo

жук
ahụhụ

жаба
awọ

вавёрка
osa

вожык
oke ọhịa

заяц
oke oyibo

сава
ikwiikwii

птушка
nnụnụ

лебедзь
Agbanye

дзік
ezi ọhịa

алень
mgbada

лось
anụ ọhịa

плаціна
ihe mgbochi mmiri

вятрак
ikuku igwe

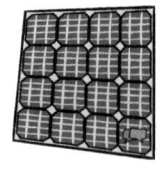
сонечная батарэя
igwe anwụ

клімат
ihu igwe

краявід - odida obodo

рэстаран
ụlọ oriri na ọnụnụ

афіцыянт
onye na-ebu nri

меню
ndeputa nri

крэсла
oche

піца
pizza

суп
ofe

сталовыя прыборы
ngaji na nma

абрус
ákwà tebụl

закуска
mbịdo

другая страва
isi nri

дэсерт
mmeju nri

напоі
ihe ọnụnụ

ежа
nri

бутэлька
karama

хуткае харчаванне (фаст-фуд)

nri ngwa ngwa

стрыт-фуд

nri n'okporo ámá

імбрык (чайнік)

ketulu tii

цукарніца

nnukwu efere shuga

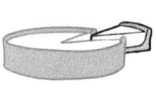

порцыя

òkè

эспрэса-машына

igwe kofi

дзіцячае крэселка

oche di elu

рахунак

ụgwọ

паднос

efere obosara

нож

nma

відэлец

ndụdụ

лыжка

ngaji

чайная лыжка

ngaji tii

сурвэтка

akwụkwọ oche

шклянка

iko

18 рэстаран - ụlọ oriri na ọnụnụ

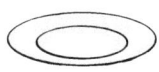
талерка
efere

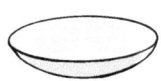
супавая талерка
efere ofe

сподак
efere ihendori

соус
ihendori

сальніца
ite nnu

млынок для перцу
igwe ose

воцат
mmanya gbara ụka

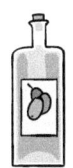
алей
mmanụ

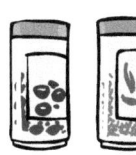
спецыі
ngwa nri

кетчуп
ihe ndori

гарчыца
mọstad

маянэз
mayonezi

супермаркет

ụlọ ahịa

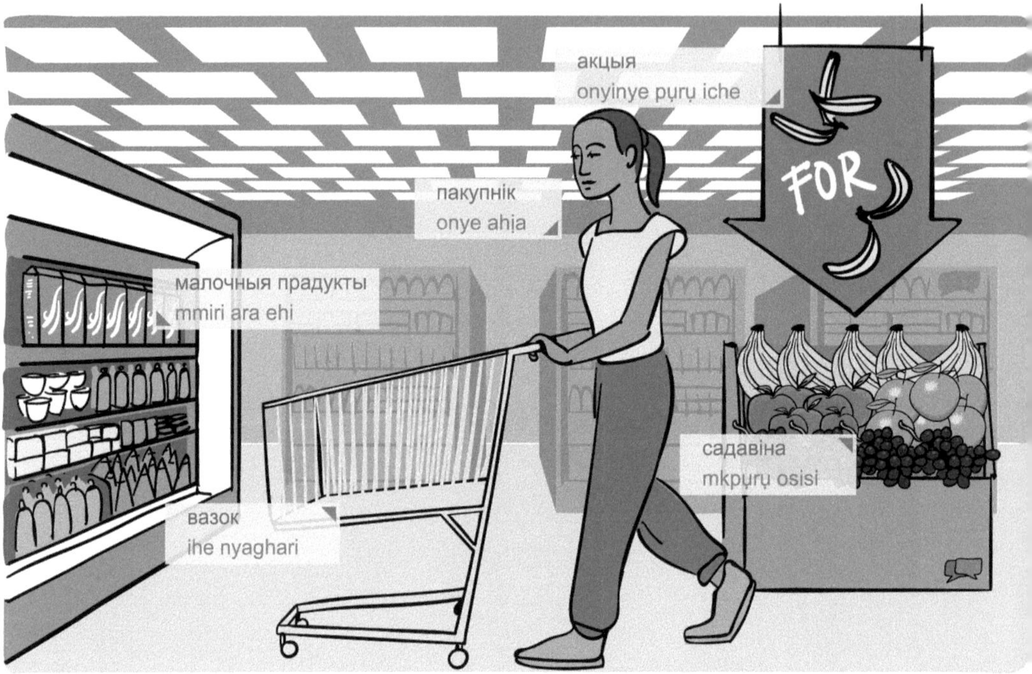

акцыя
onyinye pụrụ iche
FOR
пакупнік
onye ahịa
малочныя прадукты
mmiri ara ehi
садавіна
mkpụrụ osisi
вазок
ihe nyaghari

BUTCHERS

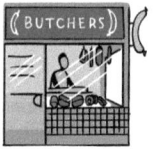

мясная крама

igbu anụ

BAKERY

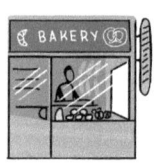

хлебны магазін

onye ome achịcha

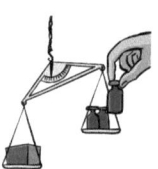

важыць

tụọ

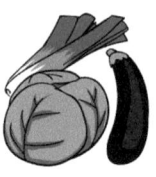

гароднiна

akwụkwọ nri

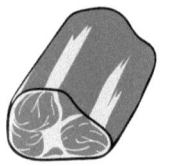

мяса

anụ

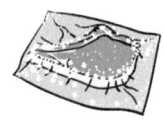

свежазамарожаныя прадукты

nri oyi kpọnwụrụ

нарэзка
anụ oyi

кансервы
nri komkom

пральны парашок
ntụ ọsịsa

прысмакі
ihe ụtọ

хатнія прылады
ngwaahịa ụlọ

чысцячы сродак
ngwaahịa nhicha

прадавец
onye n'ere ahịa

каса
rue

касір
onye okwu ugwo

спіс пакупак
ndepụta izụ ahịa

гадзіны працы
awa mmepe

бумажнік
obere akpa

крэдытная картка
kaadị akwụmụgwọ

сумка
akpa

пакет
akpa rọba

супермаркет - ụlọ ahịa

напоі
ihe ọṅụṅụ

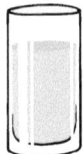

вада

mmiri

сок

ihe ọṅụọṅụ

малако

mmiri ara

кола

mmanya otobiri kooku

віно

mmanya

піва

biya

алкаголь

mmanya na egbu egbu

какава

koko

гарбата (чай)

tii

кава

kọfị

эспрэса

kofi

капучына

cappuccino

ежа
nri

банан
unere

яблык
apụl

апельсін
oroma

дыня
egwusi

лімон
oroma nkịrịsị

морква
karọt

часнок
galiki

бамбук
achara

цыбуля
yabasị

грыб
ero

арэхі
akụ

локшына
nri eriri

спагеці

spaghetti

рыс

osikapa

салата

nri ahihia

бульба фры

ibe

смажаная бульба

nduku eghere eghe

піца

pizza

гамбургер

achicha

бутэрброд

sanwichi

шніцаль

anụ

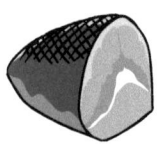

вяндліна

apata ụkwụ ezi

салямі

salami

каўбаса

sọseeji

курыца

ọkụkọ

смажаніна

ihunuoku

рыбак

azụ

ежа - nri

аўсяныя камякі
nri ọka

мюслі
nri ututu

кукурузныя шматкі
ọka

мука
ntụ ọka

круасан
achịcha

булачка
mpịakọta achịcha

хлеб
achịcha

тост
tost

пячэнне
biskit

масла
bọta

тварог
achịcha

пірог
achịcha

яйка
akwa

яечня
akwa eghere eghe

сыр
chiiz

ежа - nri

марожанае
ihe nracha

цукар
shuga

мёд
mmanụ aṅụ

варэнне
jam

нуга
gbasaa shuga

кары
kọrị

сядзіба
ugbo

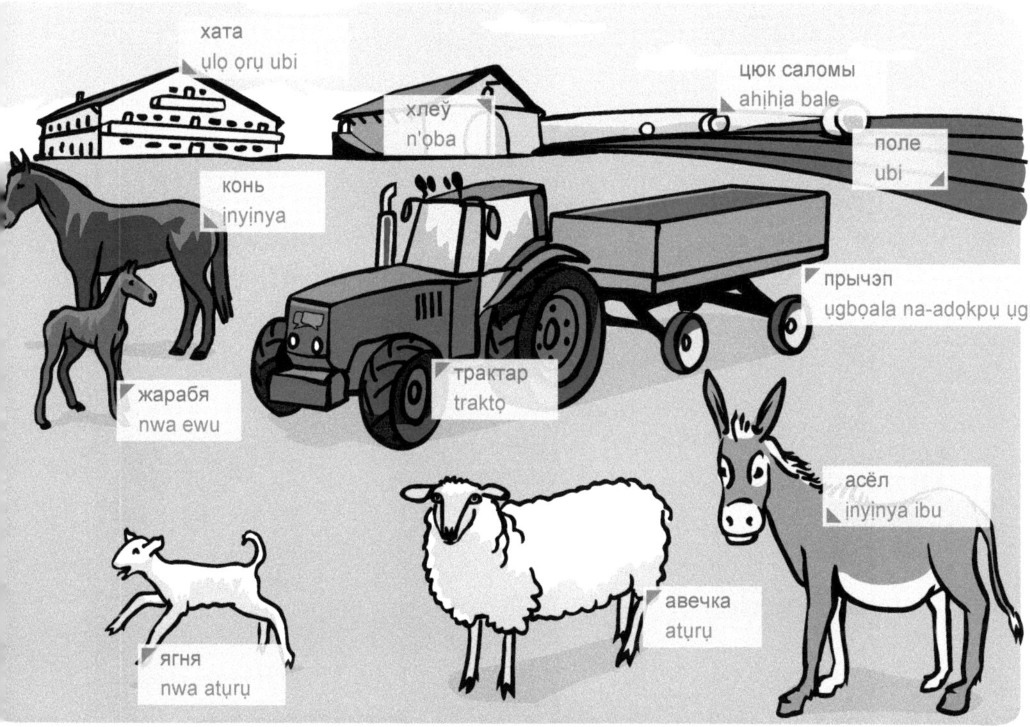

хата — ulọ ọrụ ubi
цюк саломы — ahịhịa bale
хлеў — n'oba
поле — ubi
конь — ịnyịnya
прычэп — ugboala na-adọkpụ ugbo
жарабя — nwa ewu
трактар — trakto
асёл — ịnyịnya ibu
авечка — atụrụ
ягня — nwa atụrụ

каза
mkpi

карова
ehi

цяля
nwa ehi

свіння
ezi

парася
nwa ezi

бык
ehi

гусак
ọgazị

качка
ọdọgụma

кураня
nwa ọkụkọ

курыца
nne ọkụkọ

певень
oke ọkpa

пацук
oke

кот
pusi

мыш
oke

вол
ehi

сабака
nkịta

сабачая будка
nkịta ụlọ

садовы шланг
paipu nhicha ogige

палівачка
iko mgbara mmiri

каса
scythe

плуг
ịkọ

сядзіба - ugbo

серп
mma ọhịa

матыка
ogu

вілы для гною
fọk ahihia

сякера
anyu-ike

тачка
wiilbaro

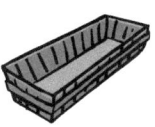

карыта
ubi

бітон для малака
komkom mmiri ara ehi

мех
akpa

плот
ngere

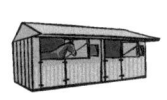

хлеў
ụlọanụ

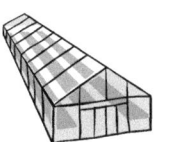

цяпліца
ulo glaasi

глеба
ala

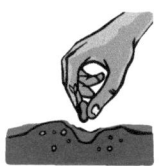

насенне
mkpụrụ

угнаенне
fatilaiza

камбайн
njikọta ihe ubi

сядзіба - ugbo

збіраць ураджай

owuwe ihe ubi

ураджай

owuwe ihe ubi

ямс

ji

пшаніца

ọka wit

соя

soya

бульба

nduku

кукуруза

ọka

рапс

mkpụrụ osisi

садовае дрэва

osisi mkpụrụ osisi

маніёк

akpu

збожжа

nri ọka

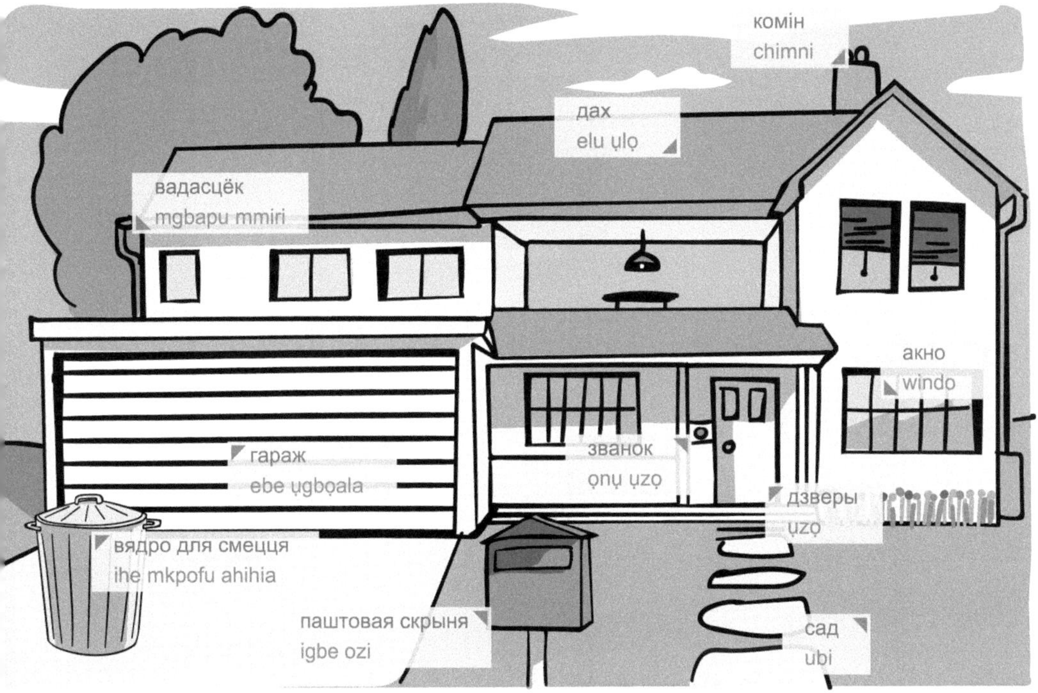

дом
ụlọ

комін
chimni

дах
elu ụlọ

вадасцёк
mgbapu mmiri

акно
windo

гараж
ebe ụgbọala

званок
ọnụ ụzọ

дзверы
ụzọ

вядро для смецця
ihe mkpofu ahihia

паштовая скрыня
igbe ozi

сад
ubi

жылы пакой

ime ụlọ ezumike

ванная

ụlọ ịsa ahụ

кухня

usekwu

спальны пакой

ime ụlọ

дзіцячы пакой

ụlọ nwa

сталоўка

ime ụlọ erimeri

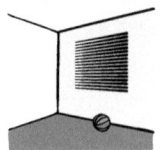

падлога

ala

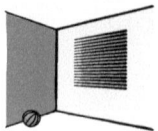

сцяна

mgbidi

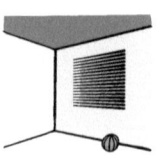

столь

uko ụlọ

падвал

okpuru ụlọ

саўна

sawụna

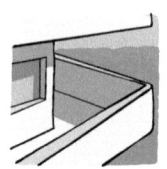

балкон

ihu mbara

тэраса

mbara ihu ulo

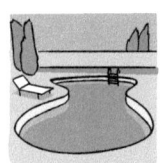

басейн

ọdọ mmiri

касілка

igwe eji asụ ahịhịa

падкоўдранік

mpempe akwụkwọ

коўдра

ihe ndina akwa

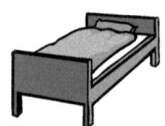

ложак

akwa ndina

венік

aziza

вядро

bọket

выключальнік

mgba ọkụ

32   дом - ụlọ

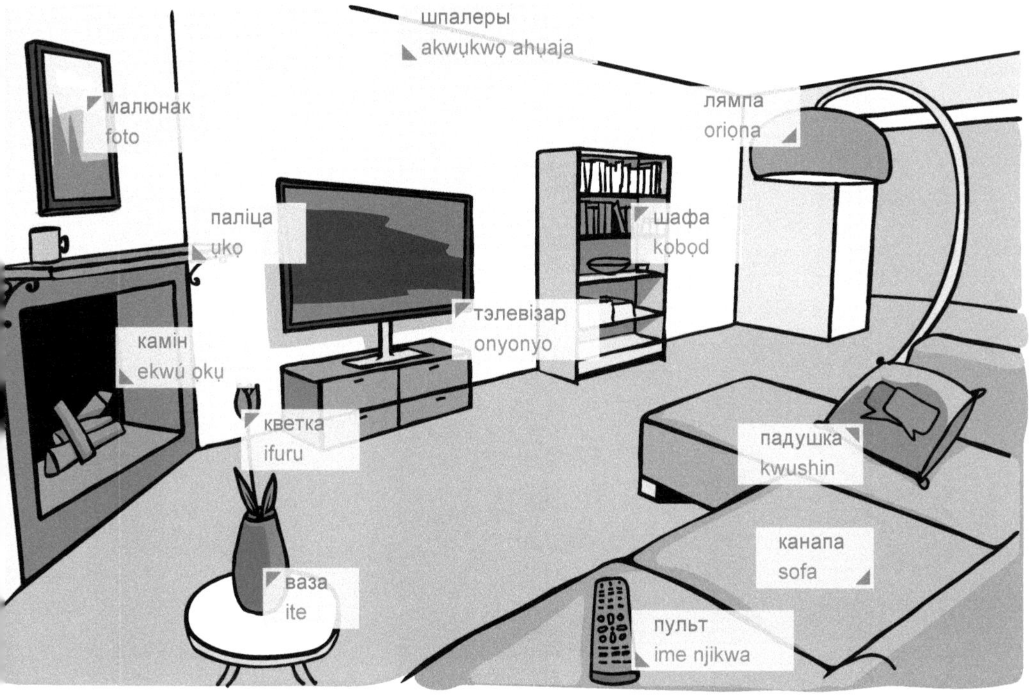

жылы пакой
ime ụlọ ezumike

шпалеры
akwụkwọ ahụaja

малюнак
foto

лямпа
oriọna

паліца
ụkọ

шафа
kobod

камін
ekwú ọkụ

тэлевізар
onyonyo

кветка
ifuru

падушка
kwushin

ваза
ite

канапа
sofa

пульт
ime njikwa

дыван
kapeeti

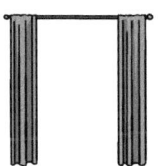

фіранка
ákwà mgbochi

стол
tebụl

крэсла
oche

крэсла-качалка
mkpatụ oche

крэсла
oche

жылы пакой - ime ụlọ ezumike   33

кніга
akwụkwọ

коўдра
akwa mkpuchi

дэкарацыя
ihe ochicho mma

дровы
nkụ

кіно
ihe nkiri

стэрэасістэма
ngwa hi-fi

ключ
igodo

газета
akwụkwọ akụkọ

карціна
eserese

постар
posta

радыё
redio

нататнік
akwụkwọ ozi

пыласос
igwe nhicha ala

кактус
kaktus

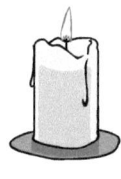
свечка
kandụl

жылы пакой - ime ụlọ ezumike

кухня
usekwu

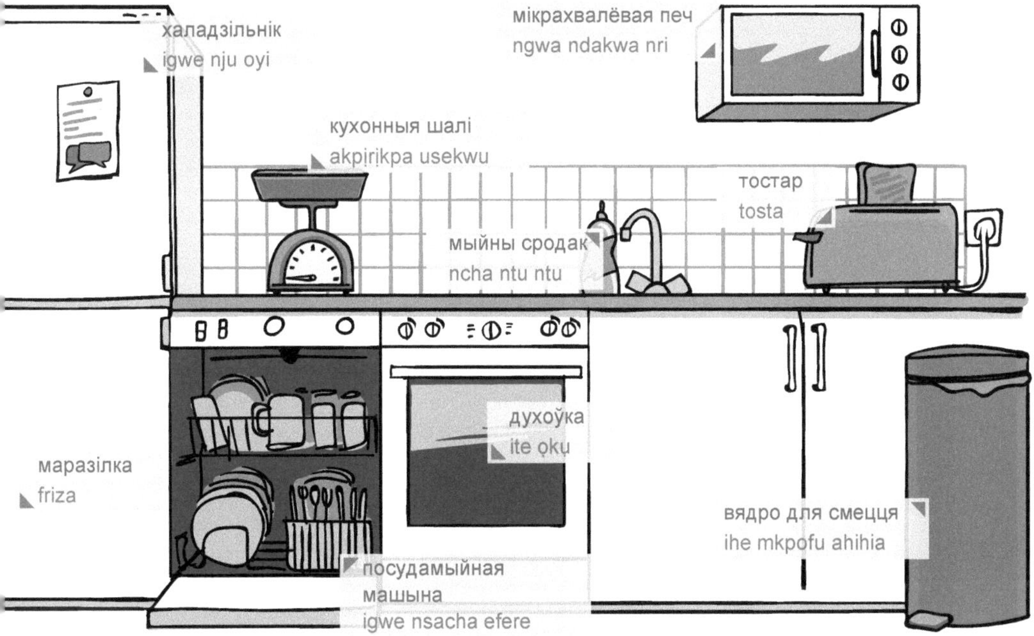

халадзільнік
igwe nju oyi

мікрахвалёвая печ
ngwa ndakwa nri

кухонныя шалі
akpirikpa usekwu

мыйны сродак
ncha ntu ntu

тостар
tosta

духоўка
ite oku

маразілка
friza

вядро для смецця
ihe mkpofu ahihia

посудамыйная машына
igwe nsacha efere

пліта

osi ite

рондаль

ite

чыгунок

ite-igwe

Вок / кадаі

wok / kadai

патэльня

ite mmanu oku

чайнік

ketulu

кухня - usekwu

параварка
ụzọkụ

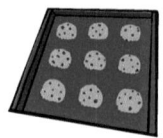

бляха
efere nri

посуд
ite mmiri

кубак
iko

міска
nnukwu efere

палачкі для ежы
osisi

чарпак
ngazi

лапатачка
ngazi mmanụ ọkụ

збівалка
ntụgharị

сіта для варэння
nje

сіта
nyọ

тарка
nkwọ

ступка
ikwe

грыль
anụ mmịkpọ

вогнішча
imeghe oku

кухня - usekwu

дошка

boodu ncha ihe

качалка

osisi mgbati

штопар

ihe mmeghe mmanya

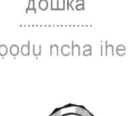

бляшанка

komkom

адкрывалка

ihe mmeghe komkom

прыхваткі

ite njide

ракавіна

efere nsacha

шчотка

ihe nsa eze

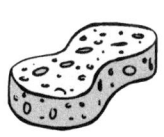

губка

ogbo

міксер

nkwori

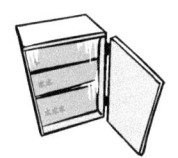

маразільная камера

friza

бутэлечка

karama nwa

вадаправодны кран

mkporu mmiri

кухня - usekwu

ванная
ụlọ ịsa ahụ

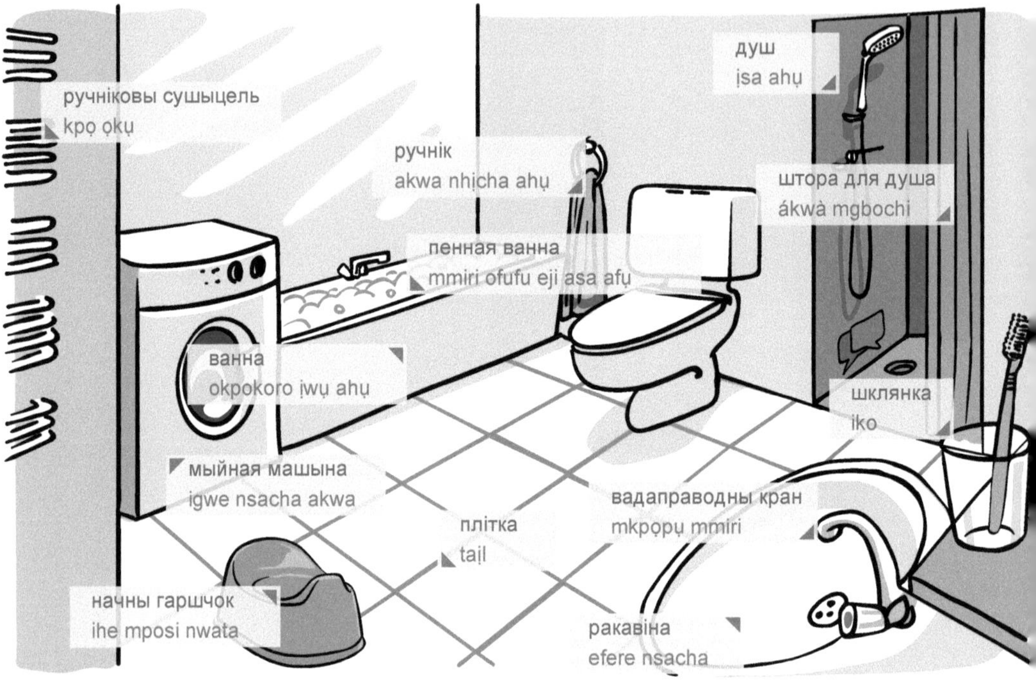

ручніковы сушыцель
kpọ okụ

ручнік
akwa nhicha ahụ

душ
ịsa ahụ

пенная ванна
mmiri ofufu eji asa afụ

штора для душа
ákwà mgbochi

ванна
okpokoro iwụ ahụ

шклянка
iko

мыйная машына
igwe nsacha akwa

вадаправодны кран
mkpọrụ mmiri

плітка
tail

начны гаршчок
ihe mposi nwata

ракавіна
efere nsacha

туалет	падлогавы ўнітаз	бідэ
ụlọ mposi	mposi squat	basin eji asa ebe nzuzo ahu
пісуар	туалетная папера	шчотка для чысткі ўнітаза
ebe inyu mmamịrị oha	akwụkwọ mposi	ahihia ụlọ mposi

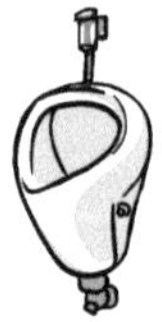

зубная шчотка

brọsh

зубная паста

ihe nhicha eze

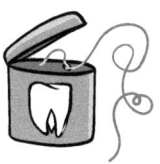

зубная нітка

nhicha eze

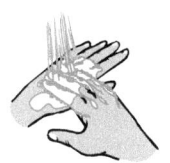

мыць

saa

ручны душ

ịsa aka

інтымны душ

isa mmiri showa

умывальнік

nnukwu efere nsacha

шчотка для спіны

agba ahịhịa eji ete penti

мыла

ncha

гель для душа

ncha mmiri nsa ahu

шампунь

ncha ntutu

вяхотка

uwe ajiajuru

вадасцёк

mgbapu mmiri

крэм

ude

дэзадарант

senti

ванная - ụlọ ịsa ahụ

люстэрка — enyo

касметычнае люстэрка — enyo aka

станок для галення — rezo

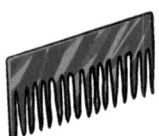

пена для галення — ụfụfụ ịkpụ afụ

ласьён пасля галення — mgbe emechara aji

грэбень — mbo

шчотка — ahihia

фен — okponku ntutu

лак для валасоў — Ihe mmiri ana agba na isi

касметыка — ntecha

памада — mmanụ ọnụ

лак для пазногцяў — ntecha mbọ aka

вата — owu

манікюрныя нажніцы — mkpa mbọ aka

духі — senti

ванная - ụlọ ịsa ahụ

касметычка
akpa uwe

табурэтка
oche

вагі
erikpu

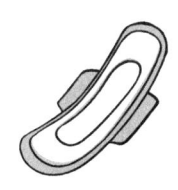
лазневы халат
akwa towelu

санітарныя пальчаткі
gloovu roba

тампон
ihe mkpuchi obara ogbugbua

гігіенічныя пракладкі
ihe mkpuchi nso nwanyi

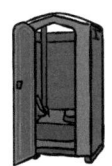
біятуалет
ụlọ mposi

ванная - ụlọ ịsa ahụ

дзіцячы пакой
ụlọ nwa

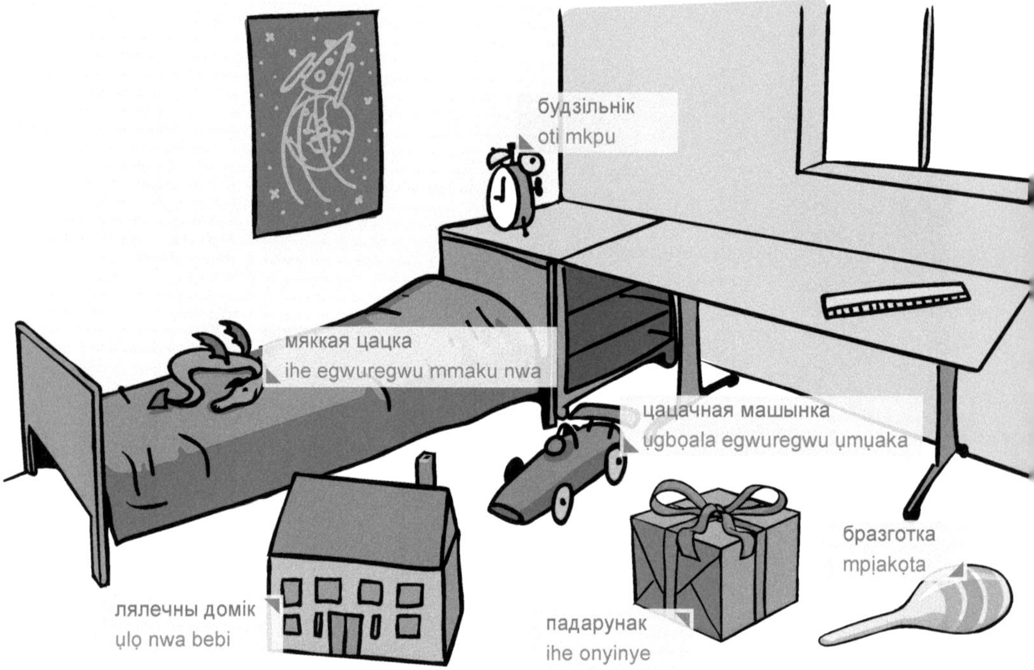

будзільнік
oti mkpu

мяккая цацка
ihe egwuregwu mmaku nwa

цацачная машынка
ụgbọala egwuregwu ụmụaka

бразготка
mpiakọta

лялечны домік
ụlọ nwa bebi

падарунак
ihe onyinye

надзіманы шарык

balun

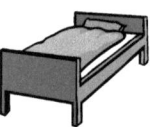

ложак

akwa ndina

дзіцячая каляска

ihe obu nwa

калода картаў

oche kaadị

пазл

egwuregwu mgbagwoju anya

комікс

na-atọ ọchị

канструктар "Лега"
lego brik

канструктар
ihe owuwu ụlọ

экшэн-фігурка
ihe ngosi ọgụ

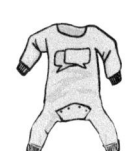

дзіцячы гарнітур
utonwa

фрызбі
ihe egwuregwu diski na efe efe

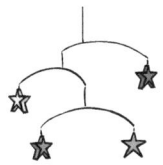

дзіцячы мабіль
mbughari

настольная гульня
bọọdụ egwuregwu

кубік
dais

дзіцячая чыгунка
nlereanya ụgbọ okporo ígwè

пустышка
ihe oyiri mmadu eji egosi akwa

дзіцячае свята
otu

кніга з малюнкамі
akwụkwọ foto

мячык
bọọlụ

лялька
nwa bebi

гуляцца
kpọọ

дзіцячы пакой - ụlọ nwa

пясочніца
olulu aja

арэлі
janglova

цацкі
ihe egwuregwu gasi

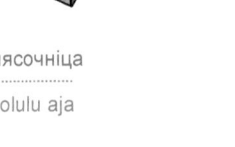

гульнявая відэа прыстаўка
ihe egwuregwu vidiyo

трохколавы ровар
ogbatumtum

плюшавы мішка
ihe egwuregwu ụmụaka

шафа
wodrobu

адзенне
uwe

шкарпэткі
sọks

панчохі
sọks

калготкі
uwe ime ahu

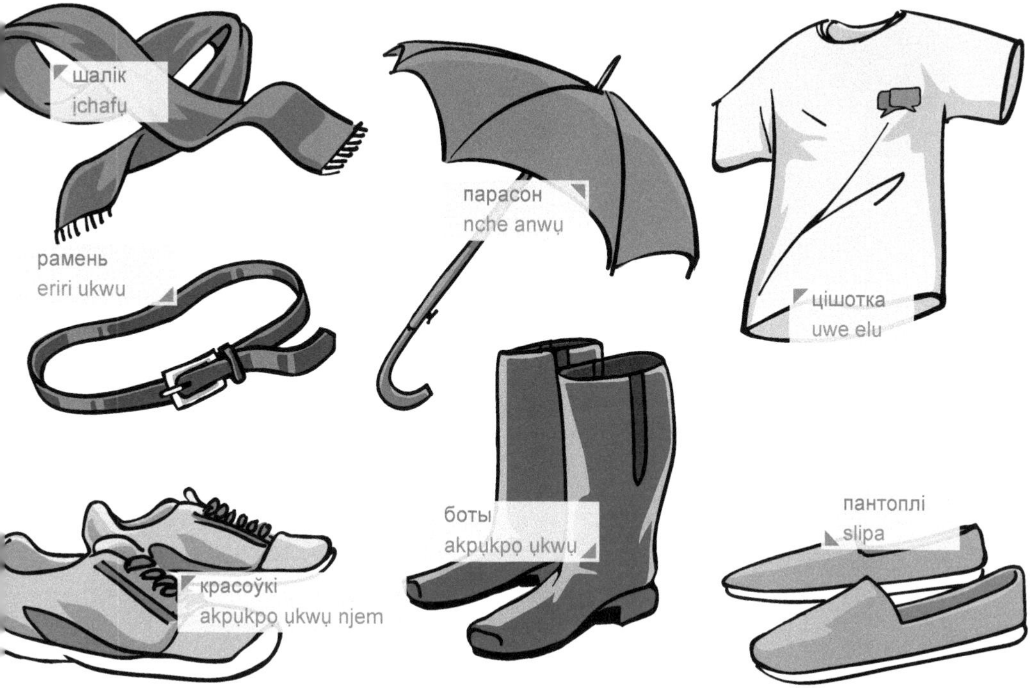

шалік
ichafụ

парасон
nche anwụ

цішотка
uwe elu

рамень
eriri ukwu

боты
akpụkpọ ụkwụ

пантоплі
slipa

красоўкі
akpụkpọ ụkwụ njem

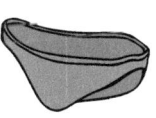

сандалі
akpụkpọ ụkwụ

абутак
akpụkpọ ụkwụ

гумовыя боты
akpụkpọ ụkwụ roba

трусы
uwe ime ahu

бюстгальтар
efe ara

майка
uwe na enweghi aka

бодзі

ahụ

штаны

trauza

джынсы

trauza siri ike

спадніца

sket

блузка

uwe elu nwanyị

кашуля

uwe elu

джэмпер

akwa njuoyi eji isi eyi

талстоўка

uwe njuoyi

блэйзер

jakeeti

куртка

jakeeti

паліто

ochu oyi uwe elu

дажджавік

akwa mmiri

касцюм

ekike

сукенка

uwe ogologo

вясельная сукенка

uwe agbamakwụkwọ

касцюм

uwe suutu

начная сарочка

uwe abali

піжама

pajamas

сары

uwe umunwanyi Indian

хустка

mkpuchi isi

цюрбан

okpu

паранджа

akwa mkpuchi ihu

каптан

uwe ogologo nwanyi

Абая

abaya

купальнік

akwa mmiri

плаўкі

uwe eji egwu mmiri

шорты

nịika

спартыўны касцюм

uwe mmega ahụ

фартух

uwe nchekwa

пальчаткі

uwe aka

гузік
boṭinụ

акуляры
ugegbe anya

бранзалет
mgbaaka

каралі
eriri olu

кальцо
mgbanaka

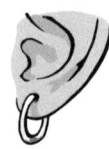

завушніца
ola nti

кепка
okpu

вешалка
ihe nkowe uwe elu

капялюш
okpu

гальштук
tai

маланка
nzichi

шлем
okpu agha

падцяжкі
ihe njide eze

школьная форма
uwe ụlọ akwụkwọ

уніформа
mbonotu

48   адзенне - uwe

нагруднік
ọghọ nri nwa

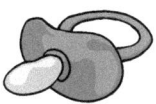
пустышка
ihe oyiri mmadu eji egosi akwa

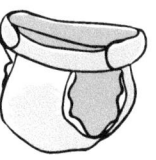
падгузнік
akwa nwanye nwa

офіс
ụlọ ọrụ

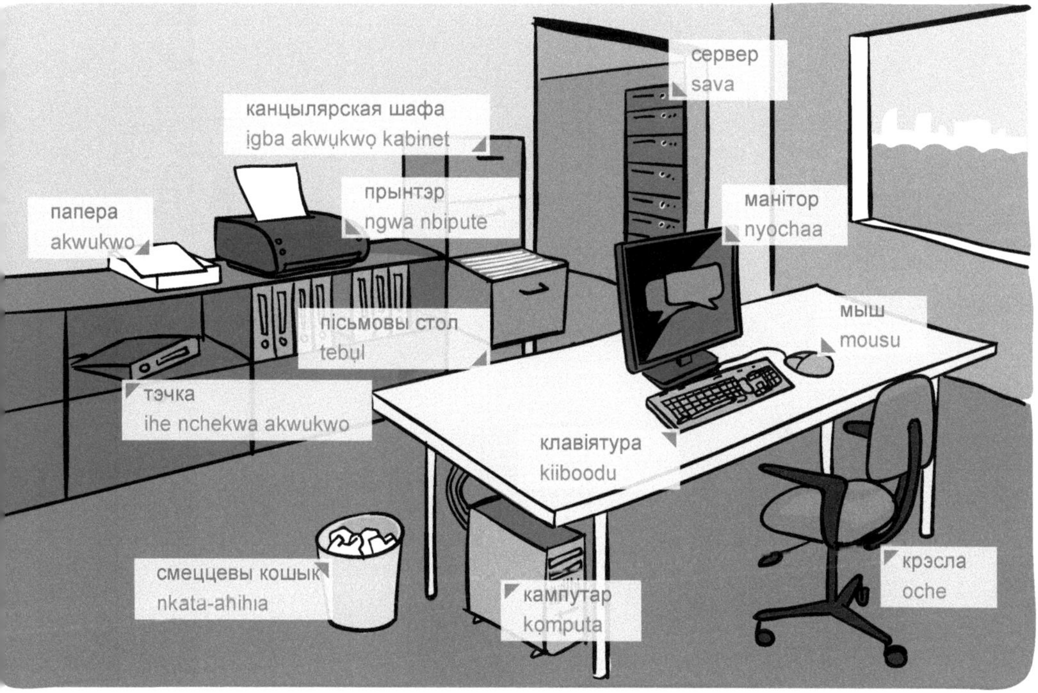

сервер
sava

канцылярская шафа
igba akwụkwọ kabinet

папера
akwukwo

прынтэр
ngwa nbipute

манітор
nyochaa

мыш
mousu

пісьмовы стол
tebụl

тэчка
ihe nchekwa akwukwo

клавіятура
kiiboodu

смеццевы кошык
nkata-ahịhịa

кампутар
komputa

крэсла
oche

кубак для кавы (філіжанка)
iko kọfị

калькулятар
igwe mgbakọ

інтэрнэт
ịntaneti

ноўтбук | ліст | паведамленне
laptoọpụ | leta | ozi

мабільны тэлефон | сетка | ксеракс
mkpanaka | netwọk | ihe mbiputa

праграмнае забеспячэнне | тэлефон | разетка
ngwanrọ | ekwentị | ebe nkwụnye

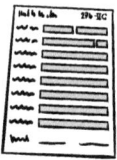

факс | фармуляр | дакумент
igwe fax | ụdị | akwụkwọ

эканоміка
akụnụba

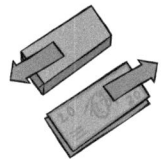

купляць
zụta

плаціць
kwuo ugwo

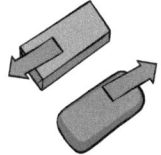

гандляваць
ahia

грошы
ego

долар
ego ndi Amerika

еўра
ego ndi Eruopu

ена
ego ndi japanizi

рубель
ego ndi Rusian

франк
Switzerland franc

кітайскі юань
renminbi yuan

рупія
ego ndi Indian

банкамат
ebe akwụmụgwọ

абменны пункт
ebe mgbanwe ego

золата
ọla edo

срэбра
ọlaọcha

нафта
mmanụ

энергія
ume

цана
ọnụahịa

кантракт
nkwekọrịta

падатак
ụtụ

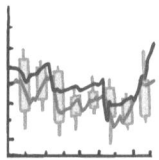
акцыя
ngwaahịa

працаваць
ọrụ

служачы
onye ọrụ

працадаўца
onye were gị n'ọrụ

фабрыка
ụlọ ọrụ mmeputa ngwahịa

крама
ụlọ ahịa

прафесіі
aka ọrụ

паліцыянт
onye uwe ojii

пажарны
onye mmenyu oku

кухар
esi nri

доктар
dibia bekee

пілот
ọkwọ ụgbọelu

садоўнік
onye na-elekọta ubi

слесар
ọkwa nkà

швачка
akwa nwanyị

суддзя
ọka ikpe

хімік
kemist

артыст
onye ome ihe nkiri

прафесіі - aka ọrụ

кіроўца аўтобуса
ọkwọ ụgbọ ala

таксіст
ọkwọ ụgbọ ala

рыбак
onye ọkụ azụ

прыбіральшчыца
nwanyị nhicha

страхар
roofer

афіцыянт
onye na-ebu nri

паляўнічы
dinta

мастак
onye na-ese ihe

пекар
onye osi ite

электрык
onye ndozi ọkụ eletrik

будаўнік
onye na-ewu ụlọ

інжынер
njinia

мяснік
onye na-egbu anụ

сантэхнік
plọmba

паштальён
onye ozi

прафесіі - aka ọrụ

салдат
onye agha

архітэктар
onye na-ese ụkpụrụ ụlọ

касір
onye okwu ugwo

фларыст
ore fulawa

цырульнік
onye na-edozi ntutu isi

кандуктар
kondokto

механік
onye n'arụzi ụgbọala

капітан
onyeisi

стаматолаг
dibia bekee eze

вучоны
ọkà mmụta sayensị

рабін
rabaị

імам
imam

манах
mọnk

святар
ụkọchukwu

прафесіі - aka ọrụ

інструменты
ngwaọrụ

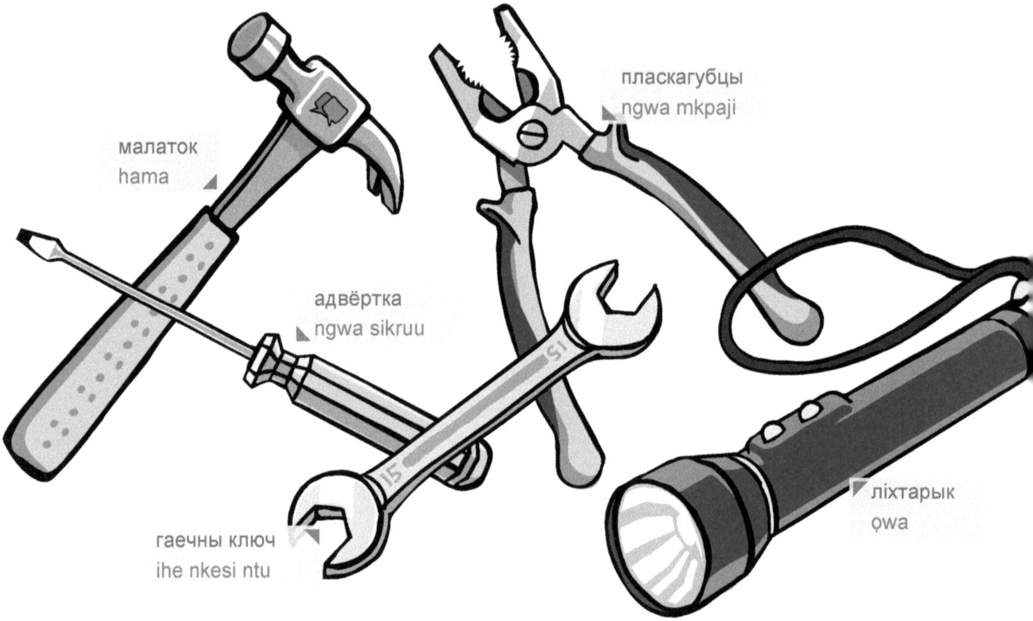

малаток
hama

пласкагубцы
ngwa mkpaji

адвёртка
ngwa sikruu

гаечны ключ
ihe nkesi ntu

ліхтарык
ọwa

экскаватар

igwu ala

скрыня для інструментаў

igbe ngwaọrụ

дравіны

ubube

піла

nkwọ

цвікі

mbọ

дрыль

igwe mkpọru

рамантаваць
mezie

рыдлеўка
ihe eji egwu ala

Халера!
Uchu!

шуфлік для смецця
efere ájá

вядро з фарбаю
ite agba

балты
ntu

музычныя інструменты
ngwa egwu

ударны інструмент
ihe eji eme ihe

калонкі
nkwuputa uda

кантрабас
okpikpi abuo

труба
opi

гітара
jita

музычныя інструменты - ngwa egwu 57

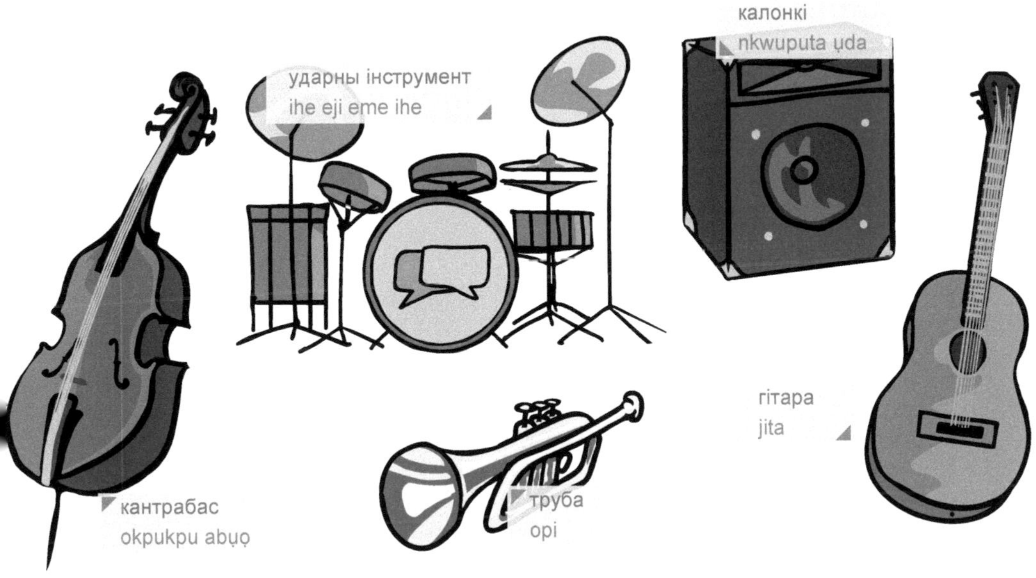

піяніна
kiiboodu

скрыпка
violin

басгітара
bass

літаўры
timpani

барабан
igba

клавішны электрамузычны інструмент
kiiboodu

саксафон
sasofone

флейта
ojà

мікрафон
igwe okwu

музычныя інструменты - ngwa egwu

заапарк
zuu

тыгр
agu

уваход
uzo mbata

клетка
onu

зебра
inyinya ohia

корм для жывёл
nri anumanu

панда
panda

жывёлы

anumanu

слон

enyi

кенгуру

kangaruu

насарог

rhino

гарыла

ozodimgba

мядзведзь

anu ohia

вярблюд

kamel

стравус

enyí nnụnụ

леў

ọdụm

малпа

enwe

фламінга

flamingo

папугай

icheku

белы мядзведзь

anụ ọhịa

пінгвін

nnunu mmiri

акула

akụm

паўлін

ekwuru ụlọ

змяя

agwo

кракадзіл

agụ iyi

наглядчык заапарка

onye na-elekọta zuu

цюлень

mechie

ягуар

agu

заапарк - zuu

поні
inyinya

леапард
agụ owuru

бегемот
anụ ọhịa

жыраф
girraaf

арол
ugo

дзік
ezi ọhịa

рыбак
azụ

чарапаха
mbe

морж
anụ mmiri

ліса
nkịta ọhịa

газель
mgbada

спорт
egwuregwu

дзейнасць
ihe omume

пісаць / dee	маляваць / see	паказваць / gosi
націснуць / kwaa	даваць / nye	браць / nara

 маць nwee	 выконваць mee	 быць ịbụ
 стаяць guzoro	 бегчы gbaa ọsọ	 цягнуць dọọ
 кідаць tufuo	 падаць daa	 ляжаць ụgha
 чакаць chere	 насіць buru	 сядзець nọdụ ala
 апранацца yi uwe	 спаць hie ụra	 прачынацца kulie

дзейнасць - ihe omume

глядзець
lee anya

плакаць
tie mkpu

лашчыць
ọrịa strok

прычэсвацца
mbo

гаварыць
kwuo

разумець
ighọta

пытаць
jụọ

чуць
gee nti

піць
ihe ọnụnụ

есці
rie

прыбіраць
dozie

кахаць
ịhụnanya

гатаваць
isi nri

ехаць
kwọọ

лятаць
ofufe

дзейнасць - ihe omume

65

плаваць пад ветразем
ụgbọ

лічыць
gbakọọ

чытаць
gụọ

вучыць
na-amụta

працаваць
ọrụ

уступаць у шлюб
lụọ

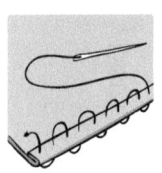
шыць
idu

чысціць зубы
ahịhịa ezé

забіваць
gbue

курыць
anwụrụ ọkụ

пасылаць
zipu

дзейнасць - ihe omume

сям'я
ezinụlọ

бабуля
nne nne

дзядуля
nna nna

бацька
nna

маці
nne

дзіця
nwa

дачка
nwa nwanyị

сын
nwa nwoke

госць

ọbịa

цётка

nwanne nne/nna

дзядзька

nwanne nna/nne

брат

nwanne

сястра

nwanne

цела
ahụ

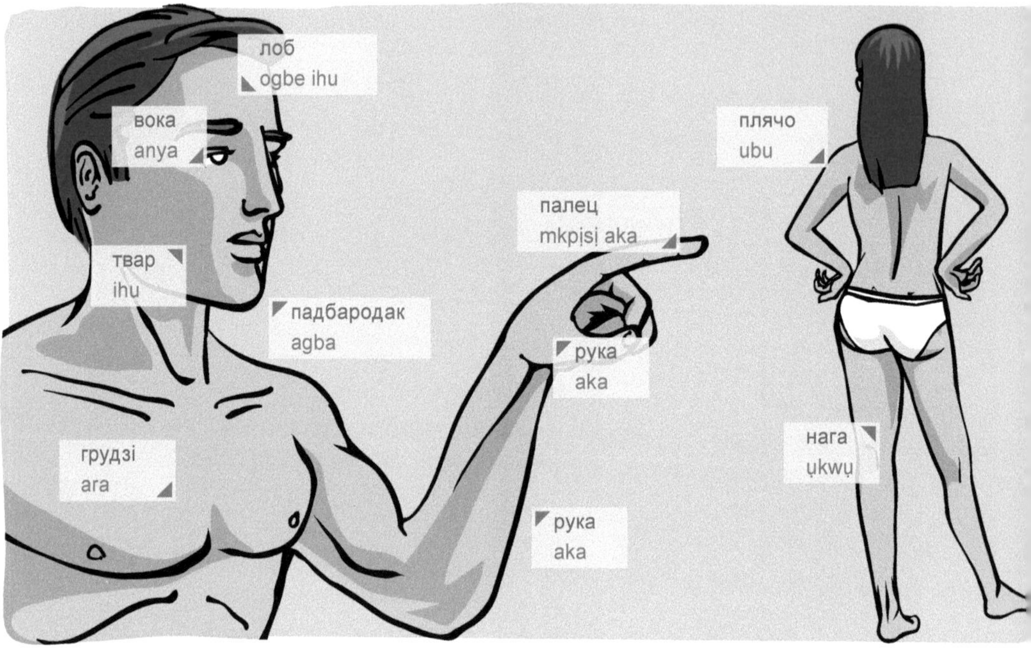

лоб
ogbe ihu

вока
anya

твар
ihu

плячо
ubu

палец
mkpịsị aka

падбародак
agba

рука
aka

грудзі
ara

нага
ụkwụ

рука
aka

дзіця
nwa

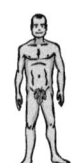

мужчына
nwoke

жанчына
nwanyị

дзяўчынка
nwa nwanyị

хлопчык
nwa nwoke

галава
isi

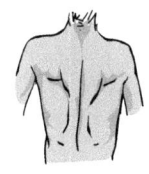

спіна
azu

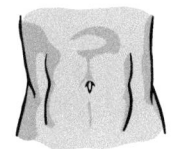

жывот
afọ

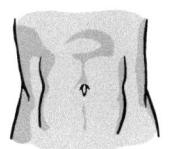

пуп
otubo

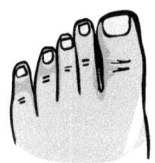

палец нагі
mkpisi ukwu

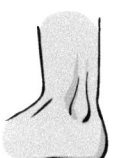

пятка
ikiri ụkwụ

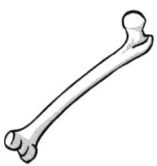

костка
ọkpụkpụ

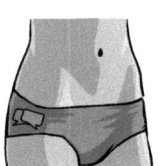

бядро
ukwu

калена
ikpere

локаць
ikpere aka

нос
imi

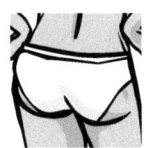

ягадзіца
ike

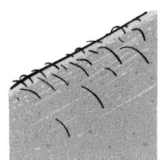

скура
akpụ kpọ ahụ

шчака
nti

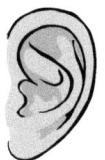

вуха
ntị

губа
egbugbere ọnụ

цела - ahụ

рот
ọnụ

зуб
eze

язык
ire

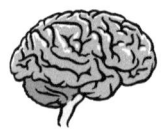
галаўны мозг
ụbụrụ

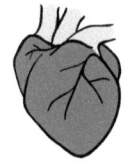
сэрца
mkpụrụ obi

мышца
akwara

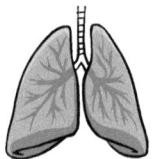
лёгкае
akpa ume

пячонка
umeji

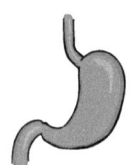
страўнік
afọ

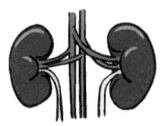
ныркі
akụrụ

сэкс
mmekọahụ

прэзерватыў
kondom

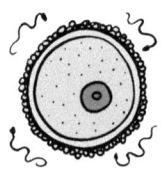
яйцаклетка
akwa nwanyị

сперма
ọbara ọcha

цяжарнасць
afọ ime

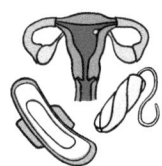

менструацыя
nsọ nwanyị

похва
ọtụ

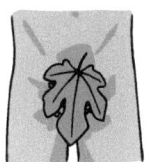

пеніс
amụ

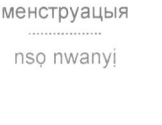

брыво
nku anya

валасы
ntutu

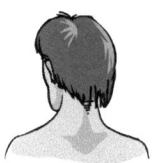

шыя
olu

цела - ahụ

шпіталь
ụlọ ọgwụ

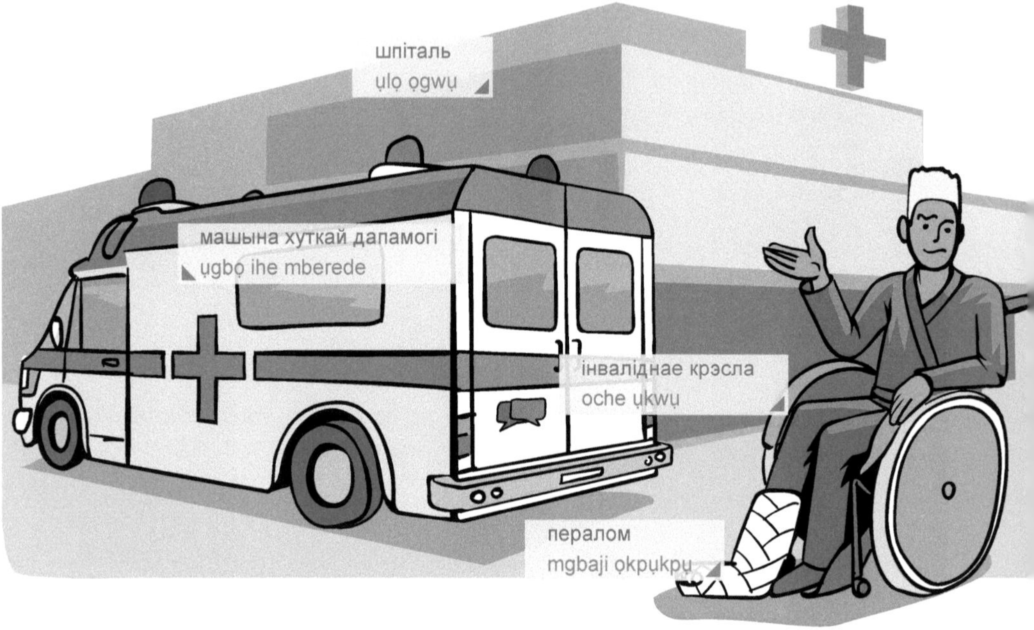

шпіталь
ụlọ ọgwụ

машына хуткай дапамогі
ụgbọ ihe mberede

інвалідрае крэсла
oche ụkwụ

пералом
mgbaji ọkpụkpụ

доктар

dibia bekee

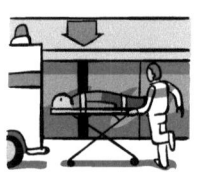

аддзяленне першай дапамогі

ụlọ mberede

медсястра

nọọsụ

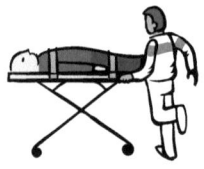

экстраная дапамога

mberede

непрытомны

amaghị ihe ọ bụla

боль

ụfụ

траўма

mmerụ ahụ

крывацёк

agba ọbara

інфаркт

obi nkolopu

апаплексія

ọria strok

алергія

nke ahụ anataghi

кашаль

ụkwara

гарачка

ahụ ọkụ

грып

ọria flu

панос

afọ ọsisa

галаўны боль

isi ọwụwa

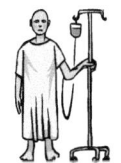

рак

kansa

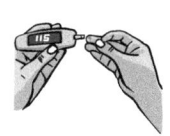

дыябет

ọria shuga

хірург

dọkịta na-awa ahụ

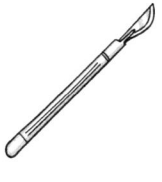

скальпель

mma eji awa ahụ

аперацыя

iwa ahụ

шпіталь - ụlọ ọgwụ

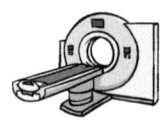

КТ
CT

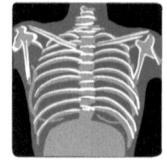

рэнтген
x-ree

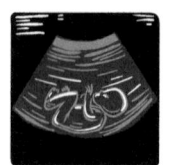

ультрагук
nyocha ime ahu

маска
nkpuchi ihu

хвароба
ọria

пачакальня
ebe nchekwa

мыліца
mkpara

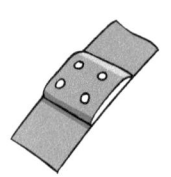

пластыр
nnyachi

бінт
bandeeji

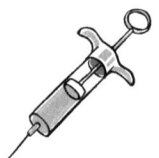

ін'екцыя
ọgwụ ọgbụgba

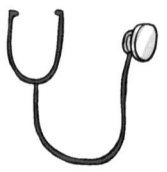

стэтаскоп
stetoskop

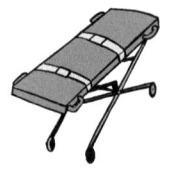

насілкі
Igwe eji ibu mmadu

градуснік
temometa ụlọgwụ

нараджэнне
omumu

лішняя вага
ibufe oke ibu

шпіталь - ụlọ ọgwụ

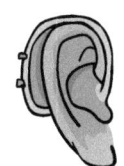

слухавы апарат

enyemaka ịnụ ihe

дэзінфекцыйны сродак

mmiri ọgwụ nje

інфекцыя

ọria nje

вірус

nje

ВІЧ/СНІД

Ọria HIV/AIDS

лекі

ọgwụ

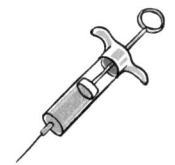

прышчэпка

igba ọgwụ mgbochi ọria

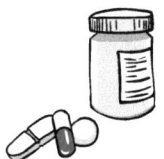

таблеткі

mkpụrụ ọgwụ

супрацьзачаткавая таблетка

mkpụrụ ọgwụ

экстраны выклік

oku mberede

танометр

nyochaa ọbara mgbali

хворы / здаровы

na-arịa ọrịa / ahụike

шпіталь - ụlọ ọgwụ

экстраная дапамога
mberede

Ратуйце!
Nyerem aka!

сігналізацыя
oti mkpu

напад
wakpo

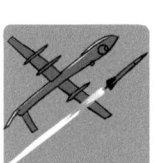

атака
ogu

небяспека
ihe egwu

аварыйны выхад
ụzọ ọpụpụ mberede

Пажар!
Ọkụ!

вогнетушыцель
mmenyu ọkụ

аварыя
oghom

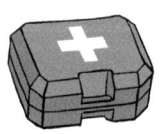

аптэчка
akpa enyemaka mbụ

СОС
SOS

паліцыя
ndị uwe ojii

Зямля
Ụwa

Еўропа

Europe

Паўночная Амерыка

North Amerika

Паўднёвая Амерыка

South Amerika

Афрыка

Africa

Азія

Eshia

Аўстралія

Ọstrelia

Атлантычны акіян

Atlantic

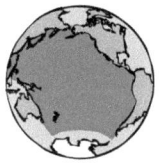

Ціхі акіян

Pasifik

Індыйскі акіян

Oke Osimiri Indian

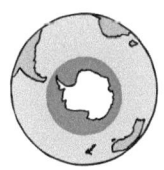

Паўднёвы ледавіты акіян

Oke Osimiri Antarctic

Паўночны ледавіты акіян

Oke Osimiri Arctic

Паўночны полюс

Ebe Ugwu

Паўднёвы полюс

Ebe Ọdịda anyanwu

Антарктыда

Antarctica

Зямля

Ụwa

краіна

ala

мора

oké osimiri

востраў

agwaetiti

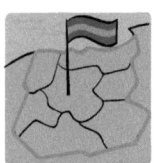

нацыя

mba

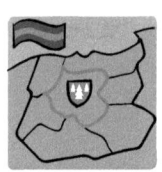

дзяржава

steeti

гадзіннік
elekere

цыферблат

ihu elekere

гадзінная стрэлка

aka awa

хвілінная стрэлка

aka nkeji

секундная стрэлка

ihe ejigoro

Колькі часу?

Kedu ihe na-akụ?

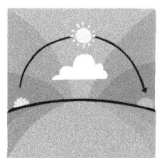

дзень

ụbọchị

час

oge

зараз

ugbu a

электронны гадзіннік

elekere dijitalụ

хвіліна

nkeji

гадзіна

awa

тыдзень
izu

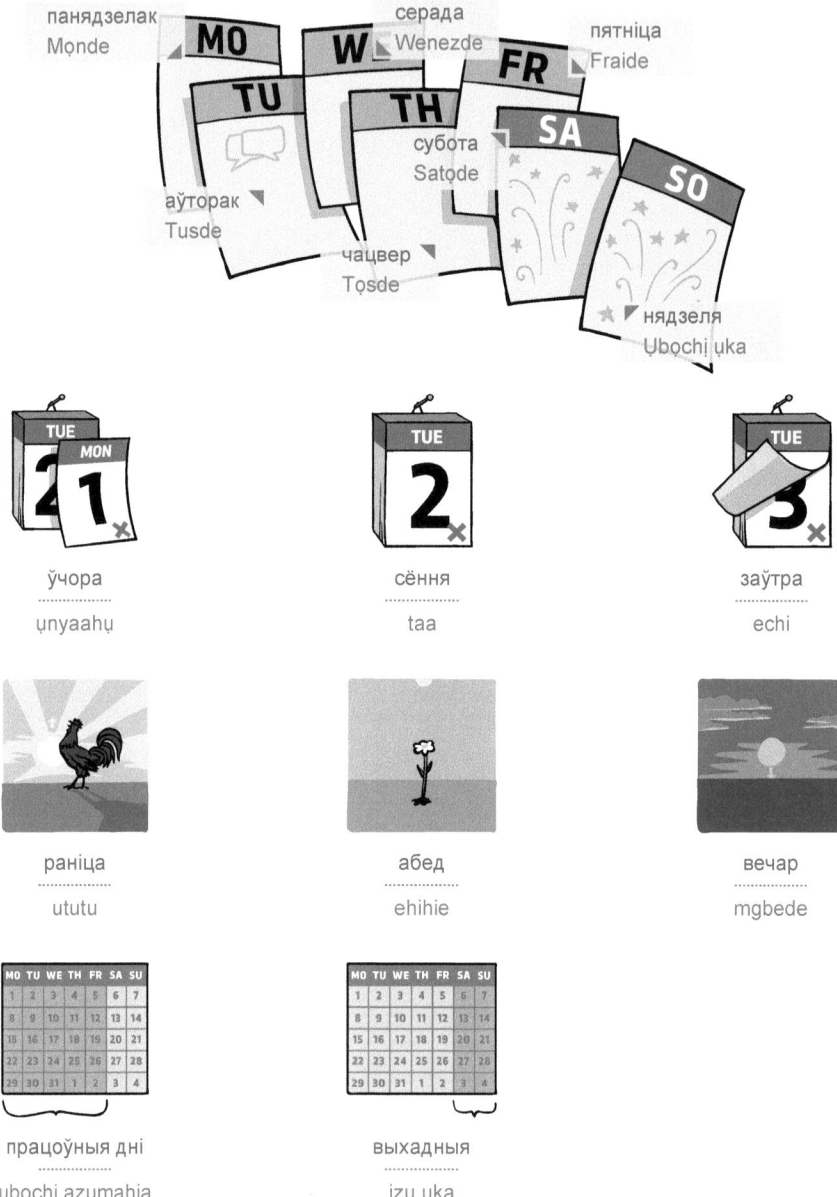

год

afọ

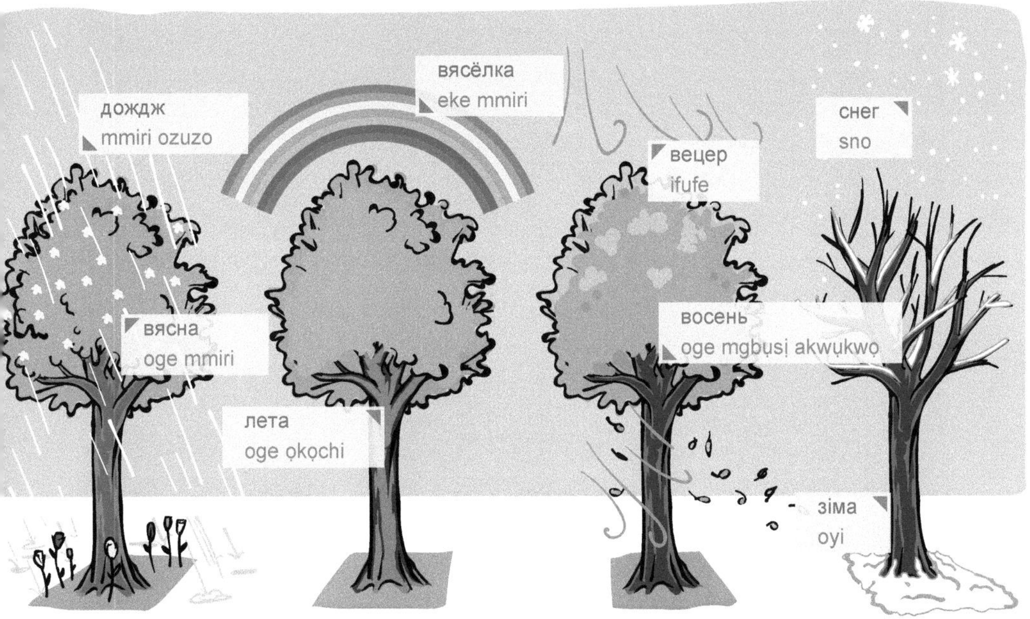

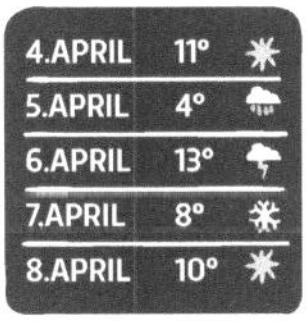

дождж
mmiri ozuzo
вясёлка
eke mmiri
вецер
ifufe
снег
sno
вясна
oge mmiri
восень
oge mgbụsị akwụkwọ
лета
oge ọkọchi
зіма
oyi

4.APRIL 11°
5.APRIL 4°
6.APRIL 13°
7.APRIL 8°
8.APRIL 10°

прагноз надвор'я

amụma ihu igwe

F
C
120
90
60
30
0
-30
40
30
20
10
0
-10
-20

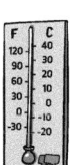

градуснік

temometa

сонечнае святло

anwụ

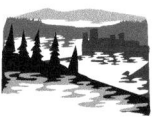

воблака

igwe ojii

туман

foogu

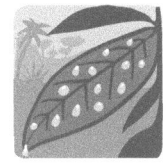

вільготнасць паветра

iru mmiri

маланка

àmụmà

гром

égbè eluigwe

бура

oké mmiri ozuzo

град

aki mmiri

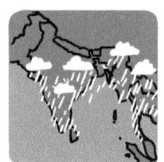

мусонны вецер

udu mmiri

прыліў

ide mmiri

лёд

aiz

студзень

Jenụwarị

люты

Febụwarị

сакавік

Machị

красавік

Eprel

май

Mee

чэрвень

June

ліпень

Julaị

жнівень

Ọgọst

год - afọ

верасень
Septemba

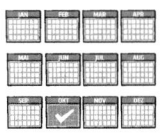
кастрычнік
Oktoba

лістапад
Novemba

снежань
Disemba

формы
ụdị

круг
okirikiri

квадрат
akuku anọ

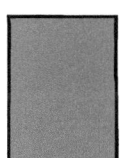
прамавугольнік
rektangulu

трохвугольнік
akuku atọ

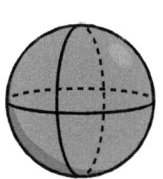
шар
okirikiri

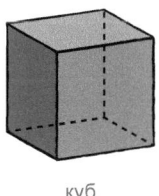
куб
igbe

колеры
na agba

белы
acha ọcha

жоўты
acha edo edo

аранжавы
acha oroma

ружовы
acha pink

чырвоны
acha uhie uhie

фіялетавы
acha odo odo

сіні
acha anụnụ anụnụ

зялёны
acha akwụkwọ ndụ

карычневы
acha aja aja

шэры
acha isi awọ

чорны
eji oji

супрацьлегласці
mmegide

шмат / мала

otutu / ntakịrị

злы / добры

iwe / jụụ

прыгожы / брыдкі

mara mma / jọrọ njọ

пачатак / канец

mbido / njedebe

высокі / малы

nnukwu / obere

светлы / цёмны

na-enwu / ọchịchịrị

сястра / брат

nwanne nwoke / nwanne nwanyị

чысты / брудны

dị ọcha / unyi

поўны / няпоўны

mezue / ezughi ezu

дзень / ноч

ụbọchị / abalị

мёртвы / жывы

nwụrụ anwụ / dị ndụ

шырокі / вузкі

obosara / warara

ядомы / неядомы
oriri / erighị

злы / добры
ọjọọ / obiọma

узбуджаны / нудны
obi ụtọ / nkịtị gwụrụ

тоўсты / тонкі
abụba / mkpa

першы / апошні
mbụ / ikpeazụ

сябар / вораг
enyị / iro

поўны / пусты
juru eju / efu

цвёрды / мяккі
ike / adụ

важкі / лёгкі
arọ / mfe

голад / смага
agụụ / akpịrị ịkpọ nkụ

хворы / здаровы
na-aria ọria / ahụike

нелегальны / легальны
n'uzo na ezighi ezi / iwu

разумны / дурны
onye nwere ọgụgụ isi / onye nzuzu

левы / правы
aka ekpe / aka nri

побач / далёка
dị nso / tere anya

новы / былы ва ўжыванні
oḥụrụ / jiri

нічога / нешта
enweghi ihe / enwere ihe

стары / малады
agadi / nwata

укл / выкл
gbanye / gbanyuọ

адчынены / зачынены
mepe / mechie

ціхі / гучны
juụ / dara ụda

  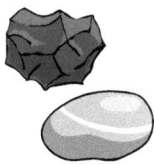

багаты / бедны
ọgaranya / ogbenye

правільна / няправільна
ziei ezi / ezighi ezi

шурпаты / гладкі
siri ike / larịị

сумны / шчаслівы
mwute / obi ụtọ

кароткі / доўгі
mkpụmkpụ / ogologo

павольны / хуткі
nwayọọ / ngwa ngwa

вільготны / сухі
dị mmiri / kpọrọ nkụ

цёплы / халаднаваты
na-ekpo ọkụ / dị juụ

вайна / мір
agha / udo

супрацьегласці - mmegide

лічбы
nọmba

0 нуль — efu

1 адзін — otu

2 два — abụọ

3 тры — atọ

4 чатыры — anọ

5 пяць — ise

6 шэсць — isii

7 сем — asaa

8 восем — asatọ

9 дзевяць — itolu

10 дзесяць — iri

11 адзінаццаць — iri na otu

12
дванаццаць
iri na abụọ

13
трынаццаць
iri na atọ

14
чатырнаццаць
iri na anọ

15
пятнаццаць
iri na ise

16
шаснаццаць
iri na isii

17
сямнаццаць
iri na asaa

18
васямнаццаць
iri na asatọ

19
дзевятнаццаць
iri na itoolu

20
дваццаць
iri abụọ

100
сто
narị

1.000
тысяча
puku

1.000.000
мільён
nde

МОВЫ
asụsụ

англійская

Bekee

англійская (Амерыка)

Asụsụ Bekee

кітайская мандарынская

Asụsụ ndị China

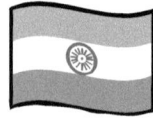

хіндзі

Asụsụ ndị Hindi

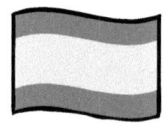

іспанская

Asụsụ ndị Spain

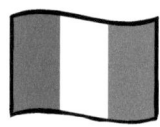

французская

Asụsụ ndị France

арабская

Asụsụ ndị Arab

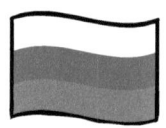

руская

Asụsụ ndị Russia

партугальская

Asụsụ ndị Portugal

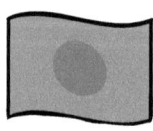

бенгальская

Asụsụ ndị Bengal

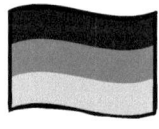

нямецкая

Asụsụ ndị German

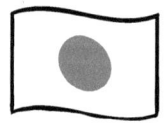

японская

Asụsụ ndị Japan

хто / што / як
onye / ihe / olee

я
M

ты
gị

ён / яна / яно
ya / ya / ya

мы
anyị

вы
gị

яны
ha

хто?
onye?

што?
gịnị?

як?
kedu?

дзе?
ebe?

калі?
mgbe ole?

імя
aha

дзе
ebee

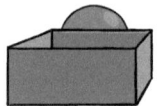

за

n'azu

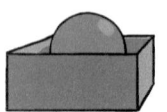

у

n'ime

перад

n'ihu

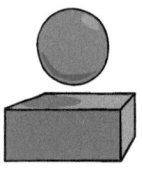

над

gafee

на

na

пад

n'okpuru

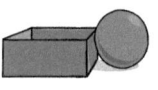

каля

n'akuku

паміж

n'etiti

месца

ebe